Mannhe

Vente des 9, 10, et 11 Décembre 1867.

OBJETS D'ART

ET

DE CURIOSITÉ

PORPHYRES ET GRANITS
BRONZES D'ART & D'AMEUBLEMENT
MODÈLES
PORCELAINES DE SÈVRES ET DE SAXE
TABLEAUX & PASTELS

Appartenant à M. MANNHEIM père

Deuxième Vente

Exposition publique le Dimanche 8 Décembre 1867

Mᵉ CHARLES PILLET,
COMMISSAIRE-PRISEUR

MM. FEBVRE & CH. MANNHEIM
EXPERTS

1867

1595
75
4.25
1674 25

CATALOGUE
D'OBJETS D'ART
ET DE CURIOSITÉ

Vases, Colonnettes, Socles, etc.,
en porphyre rouge oriental, en serpentin et en granit;
Sculptures en marbre; Bronzes d'art, florentins et autres, des XVe et XVIe siècles
Garniture de trois beaux Vases en ancien céladon fleuri,
avec monture Louis XVI en bronze doré;
Anciennes Porcelaines de Sèvres, de Saxe et autres;
Trois Vases en vieux Sèvres pâte tendre, avec monture de l'époque Louis XVI;
Collection intéressante de Modèles en bronze des époques Louis XIV,
Louis XV et Louis XVI;
Environ **quarante belles Pendules** des époques Louis XV et Louis XVI;
Candélabres, Feux, Flambeaux et Bronzes divers anciens et modernes;
Meubles des époques Louis XIV, Louis XV et Louis XVI;
Tableaux et Pastels.

APPARTENANT A M. MANNHEIM PÈRE

ET DONT LA VENTE AURA LIEU

HOTEL DROUOT, Salle N° 5

Les Lundi 9, Mardi 10 et Mercredi 11 Décembre 1867

A DEUX HEURES PRÉCISES

Par le ministère de Me **Charles PILLET**, Commissaire-Priseur,
rue de Choiseul, 11,

Assisté, pour les Objets d'art et les Curiosités, de M. **Ch. MANNHEIM**, Expert,
rue Saint-Georges, 7,

Et, pour les Tableaux et les Pastels, de M. **FEBVRE**, Expert, rue Laffite, 12.

Chez lesquels se trouve le présent Catalogue.

EXPOSITION PUBLIQUE

Le Dimanche 8 *Décembre* 1867, *de une heure à cinq heures.*

CONDITIONS DE LA VENTE

Elle sera faite au comptant.

Les adjudicataires payeront *cinq pour cent* en sus des enchères.

L'exposition mettant le public à même de se rendre compte de l'état des objets, il ne sera admis aucune réclamation une fois l'adjudication prononcée.

---

000. — Paris. Imp. Pillet fils aîné, rue des Grands-Augustins, 5.

ORDRE DES VACATIONS

Le Lundi 9 Décembre 1867.

Porcelaines anciennes montées	48	à	49
Porcelaines anciennes de Sèvres	50	—	84
Porcelaines anciennes de Saxe	85	—	93
Porcelaines diverses montées	94	—	111
Pendules anciennes	131	—	150
Candélabres anciens	177	—	181
Id.			186
Bronzes d'ameublement	203	—	217

Le Mardi 10 Décembre 1867.

Porphyres et Granits	1	—	12
Sculptures en marbre	13	—	15
Bronzes d'art	16	—	47
Modèles	112	—	130
Pendules anciennes	151	—	170
Candélabres anciens	182	—	185
Id.			187
Bronzes d'ameublement	188	—	202

Le Mercredi 11 Décembre 1867.

Pendules modernes	171	—	176
Bronzes modernes	218	—	234
Meubles	235	—	268
Étoffes	269	—	270
Tableaux et Pastels	271	—	325

DÉSIGNATION DES OBJETS

Porphyres et Granits

1 — Porphyre rouge oriental. — Grand et très-beau vase à deux anses découpées à jour prises dans la masse, et culot taillé à godrons. Beau travail du temps de Louis XIV.

Haut., 50 cent.; larg., 56 cent.

2 — Porphyre rouge oriental. — Vase, modèle mortier, à couvercle.

Haut., 24 cent.; diam., 30 cent.

3 — Porphyre rouge oriental. — Deux petits mortiers en deux dimensions.

4 — Porphyre rouge oriental. — Petit fût de colonne avec base et moulure en marbre vert antique.

Haut., 32 cent.

5-6 — Serpentin d'Égypte.—Deux petites colonnes avec bases et chapitaux ioniques en bronze ciselé et doré au mat.

Haut., 55 cent.

7 — Porphyre rouge oriental. — Charmante petite colonne montée en bronze finement ciselé, surmontée d'une figurine de Victoire ailée en bronze doré et reposant sur un socle carré en granit noir et blanc dont les angles sont garnis de haches de licteurs. Plinthe en granit rose oriental. Époque Louis XVI.

Haut., 70 cent.

8 — Serpentin vert d'Égypte. — Garniture de cheminée composée d'une pendule modèle borne et de deux vases de forme ovoïde et goulot droit, garnis de deux anses prises dans la masse.

Haut. de la pendule, 41 cent.; haut. des vases, 42 cent.

9 — Porphyre du Christ. — Socle en forme de fût de colonne avec monture en bronze doré.

Haut., 9 cent.

10 — Porphyre rouge oriental. — Deux socles cylindriques avec montures en serpentin et bases en granit rose oriental.

Haut., 12 cent.; diam. 14 cent.

11 — Marbre vert clair taché de blanc. — Deux vases, forme Médicis, à culots sculptés à godrons.

Haut., 42 cent.

12 — Granit gris rosé. — Grand vase de forme ovoïde monté sur piédouche et garni de deux anses, têtes de béliers en bronze finement ciselé et doré au mat. Epoque Louis XVI.

Haut., 65 cent.

Sculptures en marbre

13 — Marbre blanc. — Médaillon ovale présentant un bouquet de fleurs sculptées en haut-relief. Époque Louis XVI.

Haut., 28 cent.; larg., 21 cent.

14 — Marbre blanc. — Figurine de femme accroupie et à demi nue; elle tient un collier de la main droite et ramène de la gauche une draperie qui lui tient lieu de coiffure. Bon travail du commencement du XIXe siècle.

Haut., 46 cent.

15 — Marbre blanc. — Figurine d'enfant nu debout tenant des festons de fleurs. XVIIIe siècle.

Haut., 45 cent.

Bronzes d'art

16 — Figurine. — Vénus nue debout, s'appuyant de la main droite sur un dauphin. Bronze florentin muni d'une belle patine. XVIe siècle.

Collection Pourtalès.

Haut., 25 cent.

17 — Beau groupe composé de quatre figurines; femme debout allaitant un enfant et entourée de deux autres enfants. Bronze français du temps de Louis XIV.

Haut., 47 cent.

18 — Deux figurines debout; Vénus et Adonis. Bronze doré italien du XVIe siècle.

Haut., 21 cent.

19 — Deux belles figures en bronze d'après l'antique ; Bacchus jeune et Flore debout (xviie siècle). Sur socles carrés en marbre.

Haut., sans les socles, 35 cent.

20 — Joli petit groupe de deux figures ; le Centaure enlevant Déjanire et frappé d'une flèche. Bronze florentin du xvie siècle muni d'une belle patine. Socle en bois noir incrusté de filets de cuivre.

Haut. totale, 33 cent. ; larg., 24 cent.

21 — Figure d'Oiseleur armé de sa lanterne. Beau bronze du temps de Louis XIV. Collection de Choiseul.

Haut., 32 cent.

22 — Groupe en bronze doré. — Le Triomphe de Neptune. Le dieu des mers, debout sur une coquille, excite de son trident trois chevaux marins qui le supportent ; deux Enfants dont les corps se terminent en queues de poissons et montés aussi sur des chevaux marins, accompagnent le groupe principal. Le socle en bois noir est orné d'un bas-relief représentant une cariatide d'homme entre deux dauphins. Ouvrage italien du xvie siècle.

Haut. totale, 44 cent.

23 — Christ en bronze, patine verdâtre. — Ouvrage italien du xvie siècle.

Haut., 35 cent.

24 — Aiguière en bronze de forme élégante, dont la panse présente en bas-relief deux des vertus théologales, la Foi et l'Espérance. La Charité est figurée par un groupe de figures en ronde bosse placé au-dessous du goulot. L'anse est terminée à sa partie supérieure par une figure de femme accroupie et représente le sujet de Moïse sauvé des

eaux. La partie inférieure de la pièce est décorée d'une frise représentant le Massacre des Innocents.

Cette belle pièce, dont l'ornementation rappelle le grand style des œuvres italiennes du XVIe siècle, a été exécutée par M. H. de Triqueti en 1835. (Signée.)

Haut., 40 cent.

25 — Bas-relief en bronze de forme octogone allongée ; la Vierge, l'Enfant Jésus et Saint Joseph. Ouvrage français (XVIIIe siècle.)

Haut., 31 cent.; larg., 38 cent.

26 — Figurine de Vénus debout à demi drapée. Bronze italien du XVIe siècle. La patine de ce bronze a disparu en partie.

Haut., 26 cent.

27 — Deux petits groupes composés chacun d'un enfant jouant avec une chèvre couchée. Époque Louis XV.

Haut., 20 cent.

28 — Figurine de Minerve assise, en bronze doré. Elle provient vraisemblablement d'une pendule en marqueterie de l'époque Louis XIV.

Haut., 18 cent.

29 — Très-petite figurine d'enfant nu assis. Bronze florentin du XVIe siècle.

Haut., 12 cent.

30 — Groupe en bronze, Enlèvement d'une Sabine; ouvrage italien dans le style de Jean de Bologne. Socle en marbre.

Haut., 56 cent.

31 — Figurine en bronze; Vénus sortant du bain. Travail moderne.

Haut., 36 cent.

32 — Figurine en bronze. L'Astronomie, figurée par une femme nue s'appuyant sur une sphère. Bronze italien du XVIe siècle, dont la patine a entièrement disparu.

Haut., 33 cent.

33 — Figurine de Paysan portant une hotte. Bronze muni d'une patine brune (XVIIe siècle). Socle en bois noir à moulures.

Haut., 31 cent.

34 — Très-petite figurine d'Ésope. Bronze italien du XVIe siècle, sur socle en bronze doré orné de festons de lauriers.

Haut., 20 cent.

35 — Figurine. — Jupiter debout. — Italie (XVIe siècle).

36 — Figurine. — Mercure debout. — Italie (XVIe siècle), d'après l'antique.

Haut., 13 cent.

37-39 — Neuf figurines diverses en bronze, qui seront vendues par lots.

40 — Deux fibules et une anse de vase, en bronze antique.

41 — Médaillon en bronze offrant en bas-relief l'entrée de l'arche de Noé. Cadre à moulures en bronze doré. (XVIe siècle).

Diam., 22 cent.

42 — Médaillon ovale en cuivre rouge repoussé et doré, représentant l'Amour. Beau travail du XVIe siècle.

Haut., 27 cent.; larg., 22 cent.

43 — Groupe en bronze du temps de Louis XV ; Vénus et l'Amour endormi.

Haut., 44 cent.

44 — Deux petits bustes en bronze : Henri IV et Sully. Sur fûts de colonnes en marbre vert antique avec moulures en marbre jaune antique.

Haut., 34 cent.

45 — Quatre encriers porte-pinceaux en bronze incrusté de filets d'argent. Travail japonais,

46 — Bouton de porte formé d'une tête d'éléphant; bronze florentin du XVIe siècle, conservant des traces de dorure.

47 — Figurine de femme debout et drapée en bronze doré. Époque Louis XIII.

Porcelaines garnies d'anciennes montures

48 — Garniture de trois beaux vases de forme ovoïde, en ancien céladon fleuri de la Chine, décorés de fleurs et d'oiseaux sur fond bleu ampois; ils sont montés sur piédouches et garnis d'anses à mascarons et têtes de boucs reliées entre elles par des festons de lauriers et de vigne, en bronze finement ciselé et doré. Socles en porphyre rouge oriental. Pièces remarquables du temps de Louis XVI.

Haut. du vase du milieu, 36 cent.
Haut. des deux autres, 29 cent.

49 — Autre garniture de trois beaux vases en ancienne porcelaine de Sèvres, pâte tendre, fond bleu turquoise, décorés de médaillons ronds renfermant des branches de roses avec encadrements d'or. Ils sont garnis chacun d'une monture en bronze finement ciselé et doré, composée d'un piédouche, de deux anses à enroulements et d'une galerie

à rinceaux découpés à jour. Les couvercles sont surmontés d'une graine en bronze doré. Epoque Louis XVI.

Haut. du vase du milieu, 28 cent.
Haut. des deux autres, 24 cent.

Porcelaines de Sèvres

50 — Charmante petite jardinière en ancienne porcelaine de Sèvres, pâte tendre, à bords festonnés et ornements et fleurons gaufrés en relief, décorés en couleurs et or. Époque Louis XV.

Haut., 12 cent.

51 — Seau ou jardinière en ancienne porcelaine de Sèvres, pâte tendre, décorée de bouquets de fleurs. Époque Louis XV.

Haut., 16 cent.

52 — Sucrier en ancienne porcelaine de Sèvres, pâte tendre, fond gros bleu et médaillons décorés de couronnes de fleurs suspendues à des rubans. Le couvercle est fracturé et il est garni d'un bouton en bronze doré.

53 — Autre sucrier en ancienne porcelaine de Sèvres, pâte tendre, décoré de rubans verts formant quadrilles et renfermant des bouquets de fleurs. Le couvercle de celui-ci est moderne.

54 — Cabaret en ancienne porcelaine de Sèvres, pâte tendre, fond bleu de roi rehaussé d'or et décoré de festons de roses sur fond jaunâtre. Il se compose de six tasses avec soucoupe et quatre grandes pièces.

55 — Autre cabaret en ancienne porcelaine de Sèvres, pâte tendre, à œils-de-perdrix d'or sur fond vert et médaillons

de roses. Il se compose de douze tasses avec soucoupes et trois grandes pièces.

56 — Compotier, modèle coquille, en ancienne porcelaine de Sèvres, pâte tendre, fond bleu turquoise à médaillons de fleurs et décor d'or.

57 — Compotier de même forme, fond bleu caillouté d'or et bouquet de fleurs.

58 — Théière en porcelaine de Sèvres, pâte tendre, fond bleu turquoise, décor d'or et feston de fleurs.

59 — Trois tasses avec soucoupes de même porcelaine, fond vert à œils de perdrix d'or et myosotis. Elles portent chacune une lettre initiale.

60 — Grande tasse de forme droite avec soucoupe en ancienne porcelaine de Sèvres, pâte tendre, décorée de festons de lauriers et d'ornements.

61 — Tasse et soucoupe en ancienne porcelaine de Sèvres, pâte tendre, fond bleu turquoise, et décorée de médaillons d'oiseaux.

62 — Autre tasse de même porcelaine, fond vert, décorée d'ornements en couleurs et or et portant les emblèmes de République.

63 — Deux tasses avec soucoupes en vieux Sèvres, pâte tendre, fond brun à pois d'or et portant, comme celle qui précède, les emblèmes de la République.

64 — Tasse avec soucoupe de forme arrondie, en vieux Sèvres, pâte tendre, décorée d'arbustes en couleurs et partie fond bleu.

65 — Tasse avec soucoupe de forme droite, en vieux Sèvres,

pâte tendre, décorée d'un médaillon de personnage en camaïeu rouge et fond barré d'or.

66 — Cinq tasses et quatre soucoupes dépareillées, en porcelaine de Sèvres, pâte tendre, variées de décors.

67 — Cabaret en ancienne porcelaine de Sèvres, pâte tendre, fond bleu turquoise à œils-de-perdrix et bandeau de fleurs. Il se compose de quatre tasses avec soucoupes et de trois grandes pièces.

68 — Très-beau tête-à-tête en ancienne porcelaine de Sèvres, pâte tendre, décoré d'oiseaux dans des paysages. Il se compose de deux tasses avec soucoupes, trois grandes pièces et un plateau à deux anses. Ce dernier est malheureusement fracturé et il a reçu, sous Louis XVI, une garniture en bois d'acajou.

69 — Cabaret solitaire en ancienne porcelaine de Sèvres, pâte tendre, fond gros bleu et bouquets de roses encadrés d'or. Il se compose d'une tasse, modèle cul-de-poule, avec soucoupe, d'un pot à crème, d'un sucrier et d'un plateau à contours. Les anses de ce dernier sont fracturées.

70 — Cabaret en ancienne porcelaine de Sèvres, pâte tendre, décoré de rubans bleu turquoise et de festons de fleurs. Il se compose de six tasses avec soucoupes et trois grandes pièces.

71 — Trois socles dont un rond et deux ovales, en vieux Sèvres, pâte tendre, fond gros bleu et décor d'or.

72 — Deux socles analogues de forme ovale, mais en pâte dure.

73 — Six manches de couteaux en ancienne porcelaine de Sèvres, pâte tendre, décorés de médaillons, trophées ou

attributs divers et de rubans vert-pomme avec entre-deux à fleurs.

74 — Ravier, modèle bateau, en ancienne porcelaine de Sèvres, pâte tendre, fond bleu de Vincennes, médaillons de paysages et oiseaux, et décor d'or.

75 — Porte-huilier en ancienne porcelaine de Sèvres, pâte tendre, décoré de roses et de festons de lauriers.

76 — Deux bouquets, garnis de fleurs en ancienne porcelaine de Sèvres, pâte tendre.

77 — Jardinière de forme ovale en porcelaine de Sèvres, pâte dure, fond rose et décor d'or.

78 — Deux jardinières de forme allongée, en ancienne porcelaine de Sèvres, fond gros bleu caillouté d'or et médaillons de fleurs; elles sont montées sur des dauphins debout et garnies d'une gorge et d'anses à mascarons, le tout en bronze doré. Les jardinières datent du temps de Louis XV, mais leur monture est moderne.

79 — Jardinière de forme ronde en ancienne porcelaine de Sèvres, pâte tendre, décorée de rubans vert-pomme avec entre-deux, bouquets de fleurs. Époque Louis XV. Monture moderne à anses, gorge et piédouche en bronze doré.

80 — Grand vase en ancienne porcelaine de Sèvres, pâte dure, fond gris-perle, décoré d'oiseaux et de fleurs en or de couleurs. Époque Louis XVI.

Haut., 65 cent.

81 — Cabaret solitaire en ancienne porcelaine de Sèvres, pâte tendre, décoré de festons de lauriers en camaïeu bleu sur rubans à mille raies d'or. Il se compose d'un plateau

à contours, de trois grandes pièces et d'une tasse avec soucoupe.

82 — Soucoupe en ancienne porcelaine de Sèvres, pâte tendre, fond gros bleu et médaillon, fleurs et fruits.

83 — Belle tasse en ancienne porcelaine de Sèvres, pâte tendre, fond gros bleu rehaussé d'or et médaillon ovale, peint en couleurs, représentant Vénus et l'Amour. Cette pièce est accompagnée d'une soucoupe offrant un décor analogue, mais avec groupe de fruits et fleurs. Belle qualité.

84 — Grande tasse en ancienne porcelaine de Sèvres, pâte tendre, décorée de bandes de fleurs et de rehauts d'or appliqués sur fonds bleu et rouge alternés.

Porcelaines de Saxe

85 — Charmante petite pendule en ancienne porcelaine de Saxe, en forme de vase, décorée de fleurs en couleurs, festons en relief et riches rehauts d'or.

Haut., 36 cent.

86 — Jolie garniture de trois vases en ancienne porcelaine de Saxe, décorés de corbeilles et de bouquets de fleurs et enrichis de parties découpées à jour. Époque Louis XV.

Haut., 23 et 25 cent.

87 — Autre garniture de trois vases en ancienne porcelaine de Saxe, décorés de festons de lauriers en relief et de bouquets de fleurs. Époque Louis XVI.

Haut., 18 et 25 cent.

88 — Tasse avec soucoupe en porcelaine de Saxe, fond gros bleu et médaillons. La tasse représente une vue de Dresde et la soucoupe une vue de Meissen.

89 — Joli groupe en ancienne porcelaine de Saxe, composé de trois figures d'amours, en deux parties. Jeune guerrier couronné de lauriers.

Haut., 24 cent.; larg., 22 cent.

90 — Deux figures de fleuves couchés, en ancienne porcelaine de Saxe.

Larg., 19 cent.

91 — Deux corbeilles en porcelaine de Saxe, découpées à jour et ornées de branches de fleurs en relief.

Larg., 24 cent.

92 — Grand flambeau en ancienne porcelaine de Saxe, modèle rocaille, décoré de fleurs et d'attributs.

Haut., 26 cent.

93 — Très-beau cabaret en ancienne porcelaine de Saxe, décoré d'imbrications en camaïeu rose et de fleurs en couleurs. Il se compose de six grandes pièces, dont une fontaine en forme d'œuf reposant sur trois pieds rocaille, de six tasses avec soucoupes, dont deux à chocolat et quatre à thé et d'une cuiller. Ce cabaret a conservé son étui de l'époque.

Porcelaines diverses montées

94 — Vase de forme ovoïde en porcelaine dure, émaillée bleu de Roi. Monture de style Louis XVI, en bronze ciselé et doré, qui se compose d'un piédouche, d'une

gorge, de deux anses à rinceaux et de festons de fleurs appliqués sur la panse du vase.

Haut., 30 cent.

95 — Coupe ronde, en ancienne porcelaine de Sèvres, pâte tendre, décorée d'un paysage en camaïeu rouge ; le fond bleu turquoise ainsi que l'encadrement d'or qui entourent le médaillon sont de travail moderne. Monture de style Louis XV, en bronze doré.

Diam., 26 cent.

96 — Autre coupe ronde, en porcelaine tendre, fond bleu turquoise et médaillons d'oiseaux et fleurs. Monture en bronze doré. Travail moderne.

Diam., 22 cent.

97 — Deux coupes, modèle mortier, à pans, en ancienne porcelaine de Sèvres, pâte tendre, décor moderne à rubans bleus et médaillons de fleurs et de fruits. Monture à anses et pieds à consoles de style Louis XVI, en bronze doré.

Haut., 25 cent.; diam., 25 cent.

98 — Coupe analogue à celles qui précèdent, mais plus grande.

Haut., 30 cent.; diam., 30 cent.

99 — Deux compotiers en ancienne porcelaine de Sèvres, pâte tendre, décor moderne à fleurs en couleurs et bordure fond rose. Ils sont montés sur des pieds à consoles, en bronze doré.

Diam., 21 cent.

100 — Deux compotiers analogues et de même monture, mais décorés d'oiseaux.

101 — Deux petites coupes rondes, en porcelaine tendre, fond bleu turquoise et décors de fleurs et or. Monture à anses et pieds à consoles, en bronze doré.

Haut., 22 cent.

102 — Écritoire en porcelaine tendre, décorée de rubans bleus et de fleurs et montée en bronze doré.

Diam., 20 cent.

103 — Plateau de forme contournée, en porcelaine tendre, à médaillon d'oiseaux et bord bleu turquoise et vert-pomme. Monture à anses et pieds à consoles, en bronze doré.

Larg., 38 cent.

104 — Deux plateaux, modèle losange en porcelaine tendre, fond bleu turquoise, décorés d'oiseaux et de fleurs. Monture à anses à dragons ailés et pieds en bronze doré.

Larg., 35 cent.

105 — Deux vases de forme ovoïde, en porcelaine gros bleu, montés à anses, mufles de lion, en bronze doré et socles en marbre blanc. Style Louis XVI.

Haut., 30 cent.

106 — Deux grands candélabres, à balustres en porcelaine tendre, fond bleu turquoise et décor de fleurs, surmontés de sept branches porte-lumières à rinceaux en bronze doré et reposant sur des socles cannelés, entourés de trois figurines d'enfants dansant; le tout en bronze doré. Plinthes en marbre blanc. Style Louis XVI.

Haut., 75 cent.

107 — Vase de forme ovoïde en porcelaine tendre, fond bleu turquoise, décoré de festons de fleurs et rehaussé d'or. Monture à anses, gorge et socle, modèle rocaille en bronze doré.

Haut., 45 cent.

108 — Deux presse-papiers, formés de plaques en porcelaine tendre, fond bleu turquoise, surmontées de serpents enroulés et garnies en bronze doré.

109 — Deux vases de forme ovoïde en porcelaine dure, décorés de fleurs et d'attributs divers et montés à gorges et piédouches en bronze doré. Style Louis XVI.

Haut., 38 cent.

110 — Bougeoir en bronze doré avec coupe en ancienne porcelaine de Saxe décorée de fleurs.

111 — Écritoire formée d'une coupe en porcelaine tendre fond bleu turquoise à fleurs, montée en bronze doré.

Modèles pour Fabricants de Bronzes

112 — Très-beau modèle de frise en bronze, très-finement ciselé, ornée de rinceaux et de fleurs. Travail remarquable du temps de Louis XVI, attribué à Gouthières.

Haut., 65 millim. ; larg., 43 cent.

113 — Modèle de pendentif, branche de fleurs rattachées par un ruban. Ouvrage remarquable du temps de Louis XVI, attribué à Gouthières.

Long., 29 cent.

114 — Deux autres modèles de pendentifs, composés de groupes de fruits et de fleurs rattachées par des rubans. Époque Louis XVI.

Long., 18 cent.

115 — Guirlande de fleurs en bronze, très-finement ciselé et doré au mat. Époque Louis XVI.

Larg., 20 cent.

116 — Quatre guirlandes de fleurs en bronze finement ciselé

et doré au mat. Chacune d'elles figure une des Saisons. Époque Louis XVI.

Larg., 10 cent.

117 — Deux entrées de serrure du temps de Louis XVI ; l'une d'elles, composée de cariatides d'amours, de rinceaux, et de festons de fleurs, est dorée au mat.

118 — Deux très-jolies frises ; l'une est composée de rinceaux, formés de branches de vigne et l'autre de lauriers et de roses avec entre-deux à fleurons. Époque Louis XVI.

119 — Deux appliques d'angles du temps de Louis XIV, composées de trophées d'armes en bronze doré.

120 — Très-joli bas-relief en bronze finement ciselé, représentant cinq figures d'enfants, des attributs divers et des fleurs. Époque Louis XVI.

Haut., 10 cent. ; larg., 42 cent.

121 — Autre bas-relief en bronze finement ciselé, offrant, comme celui qui précède, des figures d'enfants et des attributs. Époque Louis XVI.

Haut., 85 millim. ; larg., 42 cent.

122 — Monture de coupe, composée de deux cariatides d'enfants en bronze finement ciselé et doré. Modèle très-fin du temps de Louis XVI.

Haut., 12 cent. ; larg., 12 cent.

123 — Trois garnitures de bobêches, composées de branches de vigne en bronze doré au mat. Époque Louis XVI.

124 — Modèle de socle Louis XIV en bronze doré, composé d'un cul-de-lampe à rosace supporté par trois consoles avec entre-deux à mascarons.

125 — Deux perroquets en bronze, provenant de chenets Louis XV.

126 — Quatre mascarons mufles de lions fantastiques, en bronze doré au mat, et deux mascarons têtes humaines et feuilles en bronze.

127 — Deux belles appliques, figurant l'Été et l'Hiver, en bronze très-finement ciselé et composées d'enfants, de vases et d'attributs divers; l'une d'elles est incomplète. Époque Louis XVI.

128-130 — Quantité de modèles en bronze de diverses époques qui seront vendus par lots.

Pendules anciennes

131 — Belle pendule et son socle-support, destinée à être suspendue, en bronze, enrichie de quatre figures en bronze, vernies par Martin, décorées à l'imitation des laques du Japon et branches garnies de fleurs en porcelaine. Modèle très-rare du temps de Louis XV. Mouvement de Gudin le jeune, à Paris.

Haut., 70 cent.

132 — Grande et belle pendule du temps de Louis XVI, en bronze doré au mat et marbre blanc. Vénus cherchant à couper les ailes de l'Amour, composition de trois figures sur socle élevé, renfermant un jeu d'orgue et richement garni d'appliques découpées à jour. Mouvement de Cachard, successeur de Ch. Le Roy, à Paris.

Haut., 70 cent.; larg., 50 cent.

133 — Grande et belle pendule en bronze finement ciselé et

doré, de la fin du règne de Louis XV, et représentant le sujet de Persée délivrant Andromède. Socle à frise d'ornements découpés à jour et contre-socle en bois noir avec appliques en bronze doré. Mouvement de Merra, à Paris.

Haut., 63 cent.; larg., 52 cent.

134 — Très-grande et belle pendule du commencement du règne de Louis XVI, en bronze ciselé et doré et figures au bronze vert. La figure principale représente l'Étude, et le mouvement est supporté par deux cariatides d'enfants. Le socle, orné d'une frise de rosaces et de mufles de lion, repose sur un contre-socle en marbre griotte. Modèle rare. Mouvement de Bertrand, à Paris.

Haut., 70 cent.; larg., 48 cent.

135 — Grande pendule accompagnée de son socle-support et destinée à être suspendue. Elle est de forme rocaille et surmontée d'une figurine en costume à la Watteau. Le socle est, de même, enrichi d'une figure. Époque Louis XV. Mouvement d'Étienne Lenoir, à Paris.

Haut. totale, 95 cent.

136 — Grande pendule, modèle lyre, en bronze ciselé et doré au mat et socle en marbre blanc. Mouvement visible par Cronier, à Paris. Époque Louis XVI.

Haut., 00 cent.

137 — Jolie pendule du commencement du règne de Louis XVI, en bronze doré, composée de deux figures d'Amours : l'un deux couronne deux cœurs. Mouvement de *Baillon, horloger de madame la Dauphine.*

Haut., 40 cent.

138 — Pendule en bronze doré à l'or moulu, de la fin du règne de Louis XV, composée d'un fût de colonne cannelée

garnie de festons de chêne supportant le mouvement. La partie supérieure de la pièce se termine par un vase, ainsi que par des festons de chêne. Mouvement de Lieutaud, à Paris.

Haut., 55 cent.

139 — Jolie petite pendule du temps de Louis XVI, en bronze doré au mat et marbre blanc. Elle se compose de deux figurines d'enfants : l'un d'eux, casqué, tient une corne d'abondance d'où s'échappent divers insignes de la royauté ; l'autre, debout, tient une couronne de laurier. Au-dessus du mouvement s'élève une pyramide surmontée de la couronne royale et ornée, sur sa face principale, d'un trophée d'armes en bronze finement ciselé et doré au mat appliqué sur marbre. Mouvement de Roque, à Paris.

Haut., 50 cent.

140 — Très-petite pendule du temps de Louis XV, en bronze doré, modèle rocaille, et surmontée d'une figurine d'enfant. Le mouvement est moderne.

Haut., 27 cent.

141 — Jolie pendule de Lepaute, modèle vase, à cadran tournant, garni de deux anses et avec serpent enroulé marquant l'heure, en bronze finement ciselé et doré au mat. Le socle carré, qui contient le mouvement, est garni de plaques de porphyre rouge oriental. Époque Louis XVI.

Haut., 45 cent.

142 — Jolie pendule du temps de Louis XVI, en bronze finement ciselé et doré au mat et marbre blanc, composée de deux figures : Jeune Femme assise tenant une lyre et Amour tenant un flambeau. Une sphère, reposant sur des nuages, est garnie de bas-reliefs et de guirlandes de fleurs figurant les saisons, et le socle est enrichi d'appliques très-finement ciselées.

Haut., 37 cent.

143 — Jolie pendule du temps de Louis XVI, en bronze finement ciselé et doré au mat; Vénus assise dans un char traîné par deux colombes et suivie par l'Amour. Le socle est orné d'une jolie frise d'amours. Mouvement de Berthoud, à Paris.

Haut., 42 cent.

144 — Pendule de forme élégante, en bronze doré; elle offre sur sa face principale, un mascaron barbu et sur les côtés des peaux de lion. Une corbeille de fleurs est placée à sa partie supérieure. Epoque Louis XV. Mouvement de Lenepveu, à Paris.

Haut., 40 cent.

145 — Grande Pendule de la fin du règne de Louis XVI, modèle connu sous le nom de l'*Etude* et composée de deux figures assises, en bronze vert et surmontée d'un aigle en bronze doré au mat; socle en marbre griotte, garni d'ornements en bronze, doré au mat.

Haut., 50 cent.; larg., 70 cent.

146 — Petite pendule Louis XV, modèle rocaille, en bronze doré, surmontée d'une figurine d'enfant tenant un trident, et enrichie de dauphins. Mouvement de Julien Le Roy, à Paris.

Haut., 35 cent.

147 — Belle pendule du temps de Louis XVI, en bronze doré au mat et socle en marbre noir orné d'une frise très-finement ciselée: Euterpe assise tenant une lyre; une figurine de génie assis est placée près d'un socle carré qui contient le mouvement et qui sert de base à une sphère bleuie avec cadran tournant horizontal.

Haut., 50 cent.

148 — Grande et belle pendule du temps de Louis XVI, en

bronze doré et socle en marbre blanc représentant le Sacrifice d'Iphigénie; composition de trois figures.

Haut., 45 cent.

149 — Pendule en bronze ciselé et doré du commencement du règne de Louis XVI. Euterpe assise tenant une lyre. Contre-socle en bois noir, garni d'appliques en bronze doré. Mouvement de Gille l'aîné à Paris.

Haut., 39 cent. ; larg., 38 cent.

150 — Pendule de la même époque, en bronze doré. Junon assise tenant un sceptre fleurdelisé de la main droite et s'appuyant de la gauche sur un paon. Socle en bois noir garni d'ornements en bronze doré. Mouvement de Chevreau, à Paris.

Haut., 37 cent. ; larg., 41 cent.

151 — Très-grande pendule du temps de Louis XVI, en bronze doré, à cadran tournant placé dans un vase à deux anses reliées entre elles pas un feston de lauriers. Deux serpents enroulés marquent les heures et le socle cannelé est garni de draperies.

Haut., 75 cent.

152 — Cartel en bronze doré, du temps de Louis XV, modèle rocaille, enrichi de branches de fleurs. Mouvement de Leroy, à Paris.

153 — Beau cartel du temps de Louis XVI, en bronze doré enrichi de divers attributs de jardinage, de guirlandes de fleurs, etc., et surmonté d'un aigle.

Haut., 83 cent.

154 — Pendule et baromètre composés chacun d'un groupe de figures en biscuit de porcelaine, ornements en bronze doré et marbre blanc. Ces deux pièces importantes sont posées sur des gaînes en marqueterie de bois enrichies

de médaillons peints en grisaille. Les socles portent le nom de Vulliamy, London, 1787.

Haut., 1 mètre 70 cent.

155 — Pendule en biscuit de porcelaine de Nast; Vénus et l'Amour; le socle est orné d'une frise d'amours et de guirlandes de fleurs se détachant en blanc sur fond bleu.

Haut., 45 cent.

156 — Petite pendule Louis XVI, en bronze doré au mat, sur fond vermeil et socle en marbre blanc. A droite et à gauche de la pièce se trouvent deux petits fûts de colonnes supportant, l'un deux colombes, l'autre une flamme. Un vase à deux anses repose sur la partie supérieure de l'objet.

Haut., 35 cent.

157 — Petite pendule du temps de Louis XV, en bronze doré. Lion passant, supportant le mouvement, ainsi qu'un trophée d'armes; socle à consoles, orné de festons de chêne et de rubans.

158 — Pendule Louis XVI, en forme de temple supporté par quatre colonnes cannelées en marbre blanc et mouvement visible, à cadran tournant, entouré par quatre figurines de femmes en bronze doré au mat.

Haut., 47 cent.

159 — Petite Pondule du temps de Louis XVI, en marbre blanc et bronze doré au mat, ornée de deux figurines d'amours debout et surmontée d'une corbeille de fleurs. Mouvement de Simons à Paris.

Haut., 30 cent.

160 — Autre petite pendule du temps de Louis XVI, en bronze doré et socle en marbre blanc. Cérès assise, tenant une

serpe; deux cornes d'abondance, entourent le cadran. Mouvement de Cronier, à Paris.

Haut., 26 cent.; larg., 30 cent.

161 — Pendule du temps de Louis XVI, à mouvement visible et cadrans émaillés marquant les phases de lune, les mois, les quantièmes, etc. Socle en marbre blanc sculpté à tore de lauriers et enrichi d'une frise en bronze doré. Mouvement de Platier, à Paris.

Haut., 47 cent.

162 — Cartel en forme de pendule avec socle-support, en bronze doré, modèle rocaille. Époque Louis XV.

Haut., 70 cent.

163 — Petite pendule du temps de Louis XVI, en bronze doré, modèle à consoles et surmontée d'une figurine d'amour tenant un flambeau. Socle en marbre blanc enrichi d'appliques. Mouvement de Barancourt, à Paris.

Haut., 35 cent.

164 — Autre pendule du temps de Louis XVI, en bronze finement ciselé et doré à deux figures; Sacrifice à l'Amour. Socle en bois noir orné d'appliques en bronze doré. Mouvement de Lieutard, à Paris.

Haut., 40 cent.

165 — Très-belle pendule du temps de Louis XVI, en marbre blanc et bronze doré au mat, enrichie de deux figurines d'après Falconnet et d'ornements, trophées et feuillages très-finement ciselés. Le cadran émaillé par Coteau, porte les signes du zodiaque peints en couleurs avec entre-deux appliqués en or. Le mouvement marque les mois, les jours, etc.

Haut., 36 cent.

166 — Pendule du temps du Directoire, en marbre griotte et

bronze doré au mat, ornée de deux figures et de bas-reliefs.

Haut., 42 cent.; larg., 45 cent.

167 — Pendule du temps de Louis XVI, en bronze doré; Femme assise tenant une corne d'abondance et vase placé à la partie supérieure de la pièce. Le mouvement et le socle en marbre blanc de cette pièce sont modernes.

Haut., 45 cent.

168 — Pendule en bronze doré, sur socle en marble blanc. La Pleureuse d'oiseau. Mouvement de Gudin, à Paris. Epoque Louis XVI.

Haut., 38 cent.

169 — Petite pendule du temps de Louis XV, ornée de figures de chinois en bronze verni par Martin à l'imitation des laques du Japon.

Haut., 25 cent.

170 — Pendule et son socle-support en marqueterie de bois de violette, garnie de bronzes dorés et surmontés d'une figurine d'enfant assis. Époque fin Louis XIV ou commencement de la Régence. Mouvement de Baptiste Baillon.

Haut., 70 cent.

Pendules modernes

171 — Pendule en forme de vase à couvercle en porcelaine moderne de Sèvres, émaillée gros bleu, monté à anses et sur piédouche de style rocaille en bronze doré.

Haut., 60 cent.

172 — Grande pendule formée d'un vase en porcelaine ten-

dre bleu turquoise, de forme ovoïde, monté sur un fût de colonne cannelée, entouré par trois figures de femmes nues debout, reliées entre elles par des festons de fleurs; le tout en bronze doré. Le socle est enrichi de plaques en porcelaine tendre, fond bleu turquoise, décorées de figures représentant les quatre parties du monde. Style Louis XVI.

Haut., 83 cent.

173 — Petite pendule, modèle vase, en porcelaine tendre, fond bleu turquoise décoré d'amours. Monture de style Louis XVI, en bronze doré. Le socle carré, qui contient le mouvement, est garni de plaques de porcelaine tendre, fond bleu turquoise, et décorées d'amours.

Haut., 43 cent.

174 — Petite pendule avec socle, modèle rocaille, en bronze doré, surmontée d'un bouquet de fleurs.

Haut., 45 cent.

175 — Grande pendule en bronze doré en forme de lyre surmontée d'une corbeille de fleurs d'où s'échappent des guirlandes tenues par deux grandes figures de femmes debout.

Haut., 80 cent.

176 — Autre grande pendule en bronze doré, formée d'un fort vase à deux anses, orné de bas-reliefs, reposant sur un socle à gorge renfermant le mouvement et dont les angles coupés sont garnis de consoles. Style de la fin du règne de Louis XV.

Haut., 74 cent.

Candélabres anciens

177 — Deux candélabres du temps de Louis XVI, composés chacun d'une figure de femme au bronze vert, reposant sur des socles en marbre griotte d'Italie, garnis en bronze doré au mat et supportant une corne d'abondance, d'où s'échappent sept branches à rinceaux porte-lumières, dont quatre ont été rapportées récemment.

Haut., 85 cent.

178 — Deux candélabres du temps de Louis XVI, à trois branches à rinceaux porte-lumières, s'échappant d'un vase ovoïde en marbre blanc, supporté par un trépied en bronze doré au mat. Socles en brocatelle d'Espagne garnis de moulures en bronze doré au mat.

Haut., 54 cent.

179 — Deux candélabres de la fin du règne de Louis XV, en bronze doré, en forme de vases à deux anses et à trois branches de lis porte-lumières.

Haut., 97 cent.

180 — Deux grands candélabres du temps de Louis XVI, formés de figures de femmes au bronze vert, portant des cornes d'abondance, d'où s'échappent trois branches porte-lumières à rinceaux en bronze doré au mat; socles en marbre blanc.

Haut., 88 cent.

181 — Deux petits candélabres Louis XVI, formés de figurines d'enfants au bronze vert, tenant chacun deux branches d'œillets porte-lumières ; socles en marbre noir

et blanc, enrichis de frises d'enfants en bronze doré au mat.

Haut., 45 cent.

182 — Deux candélabres composés chacun d'un groupe de deux figures de femmes, supportant un vase, d'où s'échappent quatre branches porte-lumières à rinceaux, le tout en bronze doré; socles en marbre blanc, garnis de festons de vigne en bronze doré. Époque Louis XVI.

Haut., 85 cent.

183 — Deux candélabres composés chacun d'une figure debout, au bronze vert, supportant un vase, d'où s'échappent trois branches d'œillets porte-lumières en bronze doré au mat; des socles en granit gris avec moulures en bronze doré au mat ont été ajoutés récemment.

Haut., 62 cent.

184 — Deux candélabres formés chacun de deux cariatides bronzées, se terminant en hermès et supportant une moulure ornée en bronze doré, ainsi que quatre branches à rinceaux; socles en marbre griotte ornés d'un rang de perles.

Haut., 65 cent.

185 — Deux très-grands candélabres; Faune et Bacchante au bronze vert, supportant des cornes d'abondance, ainsi que treize branches porte-lumières à rinceaux en bronze doré. Ils proviennent de chez feu M. le duc de Morny.

Haut., 1 mètre 10 cent.

186 — Deux autres très-grands candélabres en bronze doré du temps de Louis XVI, formés de vases ovoïdes à frise ornée et gorge évasée, garnis de trois branches de lis élancées.

Haut., 1 mètre 10 cent.

187 — Deux grands candélabres du temps de Louis XVI; femmes debout, au bronze vert, supportant des vases, d'où s'échappent sept branches porte-lumières à rinceaux, en bronze doré au mat. Trois de ces branches ont été ajoutées récemment. Socles en marbre blanc, enrichis d'une frise composée d'enfants et d'ornements en bronze, très-finement ciselé, doré au mat et découpé à jour.

Haut., 95 cent.

Bronzes d'ameublement anciens

188 — Deux chenets de la fin du règne de Louis XV, en bronze doré, composés de vases garnis de festons de chêne, reposant sur des socles ornés de mufles de lions et de draperies. La galerie se termine par une pyramide enrichie de festons de chêne.

Larg., 40 cent.

189 — Deux chenets du temps de Louis XVI en bronze doré, à vases ovoïdes garnis de têtes de satyres, formant anses, reposant sur des socles à canaux en spirales et galeries ornées de rosaces.

Larg., 40 cent.

190 — Deux jolis chenets du temps de Louis XV, en bronze doré, composés de figures de Berger et de Bergère, costumés à la Watteau et reposant sur des socles rocaille.

Larg., 35 cent.

191 — Deux jolis chenets du temps de Louis XIV, en bronze doré, composés d'une pyramide ornée de trophées, supportée par deux sphinxs couchés et socle à enroulements. Modèle rare.

Haut., 33 cent.

192 — Deux très-petits chenets incomplets du temps de Louis XIV, composés de sphinxs couchés sur des socles à moulures.

Larg., 15 cent.

193 — Deux flambeaux du temps de Louis XIV, en bronze, à tige triangulaire.

194 — Deux flambeaux du temps de Louis XVI, en bronze doré, ciselés à feuillages et à perles.

195 — Deux jolis vases du temps de Louis XVI, en bronze doré au mat; leur panse droite est ornée d'une frise représentant des jeux d'enfants en bas-relief, et figurant les quatre éléments. Les anses sont formées de serpents enroulés bronzés.

Haut., 30 cent.

196 — Garniture en cuivre finement ciselé et doré, provenant d'un meuble du temps de Louis XVI, composée de frises à rinceaux, rosaces, tigettes, etc.

197 — Deux flambeaux-cassolettes, de forme ovoïde, en marbre blanc, montés à trépieds en bronze doré. Époque Louis XVI.

198 — Deux flambeaux, en forme de vases en verre violet, montés à anses et branche de fleurs; porte-lumière en bronze doré. Socle en marbre blanc.

199 — Grande lanterne d'escalier, de forme ronde, avec monture en bronze, finement ciselé et doré. Époque Louis XVI.

200 — Deux flambeaux du temps de Louis XVI, en bronze ciselé et doré, composés de colonnettes ioniques supportant des vases porte-lumières et enrichis de festons de perles argentées

201 — Deux flambeaux Louis XVI, modèle colonne cannelée garnie de draperies, et socles carrés ornés de festons de lauriers.

202 — Deux flambeaux, de même style, à colonne cannelée sur socle rond, godronné, et surmontés d'un vase porte-lumière.

203 — Deux flambeaux, modèle rocaille, en cuivre argenté. Époque Louis XV.

204 — Deux flambeaux Louis XVI, en bronze doré, à tiges et pieds cannelés, ornés de festons de lauriers.

205 — Deux coupes rondes, en bronze vert, montées à trépieds en bronze doré au mat, et surmontées de têtes de béliers. Fin Louis XVI.

Haut., 34 cent.

206 — Deux bras-appliques à deux lumières, en bronze doré, du temps de la Régence.

Haut., 55 cent.

207 — Deux petits cadres carrés à moulures, en bronze doré, surmontés de branches de lauriers finement ciselées. Époque Louis XVI.

208 — Lot de petites bordures en bronze, de diverses époques.

209 — Deux flambeaux, en cuivre argenté, du temps de Louis XVI.

210 — Deux autres flambeaux, en cuivre argenté, du temps de Louis XVI, ciselés à feuilles et branches de chêne.

211 — Deux très-petits flambeaux, en bronze doré, du temps de Louis XVI, modèle colonne cannelée en spirale.

212 — Deux bras-appliques à trois lumières, en bronze doré,

formés de flambeaux d'où s'échappent les trois branches à rinceaux. Époque Louis XVI.

Haut., 54 cent.

213-214 — Quatre flambeaux en forme de vases, supportés chacun par un trépied formé de dragons ailés; le tout en bronze doré au mat, sur socles en marbre griotte. Époque Louis XVI. Ils seront vendus par paire.

215 — Deux flambeaux Louis XVI, en bronze doré au mat, en forme de vases montés à trépied, se terminant par des têtes de femmes. Socles en marbre blanc.

Haut., 26 cent.

216 — Deux bras-appliques à deux lumières, en bronze doré, du temps de Louis XIV; les branches à rinceaux s'échappent de larges feuilles.

Haut., 40 cent.

217 — Urne de forme carrée, profilée à moulures en marbre blanc et montée à anses, socle et gorge en bronze ciselé et doré. Époque Louis XVI.

Haut., 33 cent.; larg., 25 cent.

Bronzes d'ameublement modernes

218 — Deux grands flambeaux, style Louis XVI, en bronze ciselé et doré, à l'or moulu. Les pieds ainsi que les colonnes à balustre sont ornés de canaux creux.

Haut., 28 cent.

219 — Deux flambeaux de style Louis XVI, en bronze ciselé et doré, à l'or moulu. Les pieds sont ciselés à feuillages

et les balustres sont garnis de guirlandes de fruits et de fleurs.

Haut., 27 cent.

220 — Deux petits flambeaux de style Louis XVI, en bronze très-finement ciselé et doré au mat. Pieds ciselés à feuillages, colonnes cannelées et bobèches ornées de festons de lauriers.

Haut., 23 cent.

221 — Deux flambeaux, en bronze doré, style Louis XIII. Ils ont été fondus sur un modèle de l'époque, en bois sculpté.

Haut., 23 cent.

222 — Quatre bougeoirs, modèle rocaille, en bronze doré.

223 — Quatre socles ronds, formés de tores de vigne, en bronze ciselé et doré au mat.

Diam., 22 cent.

224 — Deux candélabres, en bronze doré, à figures d'enfants, supportant cinq branches à rinceaux et reposant sur des socles élevés en forme de piédouche.

Haut., 56 cent.

225 — Petit lustre, en bronze verni, à douze lumières, orné de cariatides d'enfants et de têtes de béliers.

226 — Deux grands candélabres formés de vases ovoïdes, en lave noirâtre, montés sur piédouches et garnis d'anses à têtes de bélier, en bronze doré. Chaque vase contient six branches de lis porte-lumières. Style Louis XVI.

Haut., 88 cent.

227 — Deux flambeaux, en bronze doré; enfants debout portant une corne d'abondance et reposant sur des socles rocaille.

228 — Bénitier, en bronze doré. Le médaillon principal offre le sujet de la crèche en bas-relief.

229 — Deux petites buires, en bronze doré, ornées de cariatides de femmes, se terminant en queues de poissons.

Haut., 25 cent.

230 — Deux jolis candélabres formés de vases ovoïdes, en granit rose, montés à anses têtes de satyres, et garnis de quatre branches de lis, d'œillets et de roses, en bronze doré au mat. Style Louis XVI.

Haut., 54 cent.

231 — Deux grands candélabres, en bronze doré, modèle rocaille, à sept lumières et figurines d'enfants. Style Louis XV.

Haut., 85 cent.

232 — Deux très-petits flambeaux, en bronze doré. Travail moderne.

233 — Grand lustre, en bronze verni, modèle rocaille, à vingt-quatre lumières.

234 — Deux forts bras, en bronze doré au mat, modèle rocaille, à neuf lumières chacun.

Meubles

235 — Beau secrétaire, à porte à abbattant, en marqueterie d'étain et cuivre première partie, sur fond d'ébène, garni de bronzes dorés. Epoque Louis XIV.

Haut. 1 m. 43 cent.; larg., 86 cent.

236 — Console en marqueterie de bois, à fleurs sur fond bois

de rose, avec tablette d'entre-jambes, fond de glace, dessus de marbre et bronzes dorés. Epoque Louis XVI.

Larg., 90 cent.

237 — Petite commode du temps de Louis XVI, en bois d'acajou, à trois rangs de tiroirs, enrichie d'une jolie frise et d'ornements, en bronze ciselé et doré. Dessus de marbre blanc.

Larg., 94 cent.

238 — Table de nuit composée d'un fût de colonne très-bas, en bois d'acajou, servant de support à un trépied en bronze doré, avec tablette en marbre vert antique. Travail de Jacob.

Haut., 86 cent.

239 — Deux encoignures du temps de Louis XVI, en bois noir, garnies de bronzes dorés et à une porte vitrée. Dessus de marbre brèche.

Haut., 1 m.

240 — Meuble à une porte pleine et à hauteur d'appui, en marqueterie de cuivre et écaille rouge, garni de bronzes vernis. Travail moderne.

Larg , 88 cent.

241 — Miroir de toilette, de forme contournée, avec cadre en marqueterie de cuivre, sur écaille noire, et garni de bronzes ciselés et dorés. Epoque Louis XIV.

Haut., 65 cent.; larg., 55 cent.

242 — Grande glace carrée à biseaux, dans un cadre en bois sculpté et doré, orné de rinceaux et de groupes de figures de saints personnages.

Haut., 1 m. 33 cent.; larg., 1 m. 3 cent.

243 — Grande console en bois d'acajou avec tablette d'entre-

jambes et côtés contournés. Elle est garnie d'ornements et d'une frise en bronze ciselé et doré. Dessus en marbre blanc et rang de tiroirs dans le haut. Époque Louis XVI.

Larg., 1 mètre 60 cent.

244 — Commode Louis XVI, à trois rangs de tiroirs, en bois d'acajou, garnies de bronzes dorés. Dessus de marbre bleu turquin.

Larg., 1 mètre 5 cent.

245 — Petite table à ouvrage du temps de Louis XV, modèle rognon, à porte brisée et tiroirs à l'intérieur, en marqueterie de bois de rose et dessus à paysage, figures et ornements.

246 — Trois socles, dont deux de forme carrée et un élevé à bouts arrondis, en bois peint imitant le lapis-lazuli et garnis d'ornements en argent repoussé et doré.

Haut. des deux petits, 25 cent.; haut. du grand, 32 cent.

247 — Miroir de toilette de forme contournée, avec cadre en bois sculpté et doré, modèle rocaille.

Haut., 70 cent.

248 — Bureau avec casier à tiroirs, en marqueterie de cuivre, écaille rouge, nacre et ivoire, richement garni de bronzes dorés. Travail moderne de style Louis XIV.

Haut., 1 mètre 5 cent.; larg., 1 mètre 15 cent.

249 — Secrétaire à abbattant et support en forme de table, en racine de bois et bronzes dorés. Dessus de marbre blanc. Travail du temps de l'Empire, attribué à Jacob.

Haut., 1 mètre 37 cent.; larg., 88 cent.

250 — Petit cabinet à porte à abbattant et tiroirs en marqueterie de bois représentant des ruines. Travail espagnol.

Larg., 60 cent.

251 — Petit meuble à hauteur d'appui en marqueterie d'écaille et cuivre à une porte vitrée et garni de bronzes vernis. Travail moderne.

Larg., 56 cent.

252 — Deux grands meubles à hauteur d'appui et à côtés rentrants cintrés, en marqueterie d'écaille et cuivre première partie, genre Boulle, richement garnis de bronzes vernis. Les angles coupés des meubles sont ornés de cariatides de femmes portant des corbeilles de fleurs. Dessus de marbre Portor. Travail moderne.

Larg. de chaque meuble, 1 mètre 50 cent.

253 — Bureau en marqueterie d'écaille et cuivre, garni de bronze. Travail moderne, style Louis XIV.

Long., 1 mètre ; larg., 63 cent.

254 — Bureau analogue à celui qui précède, mais plus petit.

Long., 86 cent.; larg., 55 cent.

255 — Table Louis XVI en bois d'acajou, avec tablette d'entre-jambes, dessus de marbre et moulures en bronze ciselé et doré.

Long., 87 cent.; larg., 57 cent.

256 — Guéridon ovale en marqueterie de bois décoré d'un vase de fleurs, d'animaux et de rinceaux. Il est monté sur un pied à trois consoles. Ouvrage allemand du temps de Louis XVI.

Long., 1 mètre; larg., 75 cent.

257 — Meuble à hauteur d'appui et à deux portes en marque-

terie de bois et garni de médaillons en ancien laque du Japon. Dessus en marbre bleu turquin. Époque Louis XVI.

Larg., 1 mètre 45 cent.

258 — Petit bureau plat Louis XVI, en bois d'acajou garni de bronzes dorés et à dessus mobile formant pupitre.

Larg., 82 cent.

259 — Petit cabinet à deux portes vitrées renfermant des tiroirs, surmonté d'un coffret et reposant sur une table à quatre pieds; le tout en bois d'ébène garni en argent.

Haut., 1 mètre 10 cent.; larg., 48 cent.

260 — Petit bureau de dame à dos d'âne en marqueterie de bois, garni de bronzes dorés. Travail moderne de style Louis XV.

Larg., 80 cent.

261 — Grand meuble à deux portes pleines et à un rang de tiroirs en marqueterie de bois de rose, et dessus de marbre. Époque Louis XV.

Haut., 1 mètre 20 cent. ; larg., 1 mètre 55 cent.

262 — Petit bureau du temps de Louis XIII, en marqueterie de bois, garni de quantité de tiroirs.

Larg., 92 cent.

263 — Beau guéridon rond de style Louis XVI, en bois d'acajou, sur pied à consoles, garni de bronzes ciselés et dorés. Le dessus est enrichi d'une plaque ronde en porcelaine, représentant une kermesse d'après Téniers.

Diam., 65 cent.

264 — Jardinière en bois de rose, garnie de bronze et de

plaques de porcelaine bleu turquoise et fleurs. Travail moderne.

Larg., 80 cent.

265 — Deux supports à consoles en bois de rose, garnis de bronze doré et destinés à être suspendus.

Larg., 65 cent.

266 — Grande table-console en bois sculpté et doré. Modèle rocaille et entrejambes; travail italien.

Larg., 1 mètre 35 cent.

267 — Commode à deux tiroirs en marqueterie de bois, à trophées et attributs, garnie de bronze doré. Époque Louis XVI.

Larg., 1 mètre 25 cent.

268 — Deux jolies consoles destinées à être suspendues, en bois sculpté et doré. Époque Louis XIV.

Larg., 48 cent.

Étoffes

269 — Costume albanais bien complet, très-richement brodé en fin.

270 — Deux rideaux en damas de soie blanche, avec bordures en couleurs.

TABLEAUX & PASTELS

ABTSHOVEN (Théodore).

271 — Buveurs dans un estaminet.

ALBANE (Attribué à).

272 — Joseph et Putiphar.

ARTOIS (Van).

273 — Paysage avec route et entrée de forêt.

BÉGYN (A.).

274 — Villageois gardant des animaux.

BOUCHER (François). (École de).

275 — Jeune Fille endormie, vue en buste. Pastel.

BOUCHER (FRANÇOIS). (École de).

276 — Allégorie de l'Hiver.

277 — Allégorie du Printemps.

BOUCHER (FRANÇOIS) (D'après).

278 — Scène pastorale. Composition gravée sous le titre de la *Leçon de flûte.*

BOUQUET (MICHEL).

279 — Paysage. Soleil couchant. Pastel.

BOURDON (SÉBASTIEN).

280 — Le Massacre des Innocents.

BREUGHEL (dit BREUGHEL LA CULOTTE).

281 — Mascarade avec costumes critiques.

BREUGHEL (JEAN).

282 — Village flamand. Effet de neige.

BREUGHEL (Pierre dit le Vieux).

283 — Kermesse et procession dans l'intérieur d'un village. Grande quantité de personnages.

CARRACHE (A.). (Attribué à).

284 — Moïse abandonné sur les eaux.

CHARPENTIER, d'après Greuze. (Attribué à).

285 — La Mort de l'oiseau chéri.

CUYP (Benjamin).

286 — Mangeurs de moules dans un cabaret hollandais.

DETROY (Le Vieux).

287 — Dame de l'époque de Louis XIV; en buste, presque de face, corsage rouge, manteau vert, le bras droit apparent.

DROOGSLOOT (Corneille).

288 — Attaque d'un village par des bandits.

GÉRICAUT. (D'après).

289 — Charbonniers anglais, avec attelage.

GOUBEAUD.

290 — Dame distribuant des pains à des malheureux.

291 — Une Hôtellerie ambulante, en Italie.

GREUZE (J.-B.) (D'après).

292 — Tête de Jeune Fille, en buste des trois quarts, à droite, les cheveux retenus par un ruban, les épaules découvertes.

293 — Le Petit Boudeur.

294 — Tête de Bacchante.

295 — Tête de villageoise.

HALS (Dick).

296 — Portrait d'une Dame hollandaise.

HENDRIKS.

297 — Mars et Vénus surpris par les dieux.

LANTARA. (Genre de).

298 — Entrée de port. Effet de lune.

LANCRET. (D'après).

299 — Concert et causerie dans un parc.

LOO (MICHEL VAN). (Attribué à).

300 — Portait d'homme, en buste.

MIGNARD. (École de).

301 — Dame de l'époque de Louis XIV.

302 — Jeune Dame de l'époque du Régent; elle tient un livre de la main gauche.

MIGNON (A.).

303 — Fruits dans un vase.

MOLENAER (JEAN).

304 — Buveurs, Musiciens et Femmes dans un estaminet hollandais.

MOMPER.

305 — Paysage accidenté avec halte de voyageurs.

306 — Paysage, avec Chasseurs.

OUDRY. (Le fils)

307 — Chien en arrêt devant un faisan.

OSTADE (I.) (École de

308 — Buveur et vieille Femme.

POELENBURG (Corneille).

309 — Les Bergers adorant Jésus nouveau-né. — Bonne qualité du maître.

RISBRACK.

310 — Fumeurs attablés.

RUBENS (École de).

311 — La Jeunesse de Bacchus.

SCOTT.

312 — Jeune Femme, en buste, tenant un cahier de musique. Pastel.

TENIERS (DAVID, le Père) (D'après).

313 — Buveurs dans un estaminet flamand.

TÉNIERS, le Père (Attribué à).

314 — Animaux et Pâtre dans une étable.

TÉNIERS, le fils (D'après).

315 — Trois Villageois causant sur une route.

UDEN (VAN).

316 — Paysage au centre duquel est un cours d'eau.

VERNET (JOSEPH).

317 — Le Matin, paysage. Site italien avec rivière, ponts et collines.

318 — Le Soir, paysage. Site italien avec chute d'eau.

VLIET (VAN).

319 — Villageois assis, jouant de la mando ıne.

VITELLI (VAN).

320 — Paysage italien avec marche d'animaux.

WATTEAU, de Lille.

321 — Campements militaires; deux pendants. Agréables compositions.

ECOLE ITALIENNE.

322 — Hébé offrant à boire à l'Amour.

323 — Personnages causant près d'une fontaine monumentale.

INCONNUS.

324 — La Fournaise.

325 — La Vierge et Jésus.

www.ingramcontent.com/pod-product-compliance
Lightning Source LLC
LaVergne TN
LVHW010103230826
846091LV00005B/2075

* 9 7 8 2 3 2 9 5 0 9 7 2 3 *